Bernd Degen

Mein Diskus
zu Hause

Inhaltsverzeichnis

Vorwort

Die erfolgreiche Pflege und Zucht von Diskusfischen im Süßwasseraquarium ist immer noch das faszinierendste Ereignis für Aquarianer. Ein schön eingerichtetes, größeres Aquarium mit herrlichen Diskusfischen ist ein absoluter Mittelpunkt in einem Wohnraum.

Es wird den Diskusfischen zwar immer wieder nachgesagt, dass sie schwierige Pfleglinge wären, doch wer sich intensiv mit Diskusfischen befasst, wird schnell erkennen, dass es gar nicht so schwierig ist, sie erfolgreich zu pflegen. Sie müssen nur die Grundregeln der Aquaristik beachten und dabei will dieses Buch auch helfen. Seit den 1970iger Jahren sind die Diskusfische fester Bestandteil, der Heimaquaristik. Heute werden hauptsächlich Nachzuchten aus Südostasien aber auch aus europäischen Ländern in den Fachgeschäften zum Verkauf angeboten. Diese sind viel besser an die Bedingungen im Aquarium angepasst als aus der Natur entnommene Fische. Deshalb fühlen sich die Diskusfische im Aquarium zu Hause auch wohl und ihre Pflege und als Höhepunkt die Zucht bereiten viel Freude.

Foto: U. Möckli

Einstieg in ein schönes Hobby

Der Hauptpunkt für die Begeisterung an diesem Fisch ist wohl seine einmalige Brutpflege, die er bei der Aufzucht seiner Jungen betreibt. Diskusfische ziehen ihre Jungen über einen Zeitraum von mehreren Wochen regelrecht auf. Dabei ernähren sie diese mit einem Hautsekret, welches eine Vielzahl von Nährstoffen und Bakterien enthält, die eine Steuerung der Lebensfunktionen der Jungfische übernehmen.
Die Versorgung von Jungfischen mit körpereigenem Aufzuchtfutter ist bei Fischen nur selten anzutreffen. Dieses komplizierte Brutverhalten macht die Nachzucht von Diskusfischen auch besonders schwierig. Doch alles, was schwierig ist, reizt den Menschen auch. Dies ist wohl ein Grund, weshalb gerade die Diskuszucht von vielen als Krönung der Süwasseraquaristik angesehen wird. Jeder ernsthafte Aquarianer hat wohl schon einmal mit dem Gedanken gespielt, es endlich mit der Diskuspflege und -zucht zu versuchen.
Die Diskushaltung ist sicher nicht viel schwieriger als die Hälterung von anderen Aquarienfischen. In einem Gesellschaftsaquarium mit Neon, Guppys, Skalaren und anderen Fischen kommt es auch immer wieder vor, dass der eine oder andere Fisch verendet. Da es sich hier aber um „einfache Fische“ handelt, wird kaum darüber gesprochen. Hat aber ein Diskus eine Krankheit und geht ein, so verendet hier doch ein Fisch, der einem besonders ans Herz gewachsen ist und dazu noch eine Menge Geld gekostet hat. Dieser Verlust wird nur schwer verschmerzt. Verenden aufgrund irgendwelcher Fehler Fische im Gesellschaftsaquarium, so wird das Aquarium deshalb noch lange nicht aufgegeben. Gehen aber nacheinander einige Diskusfische ein, dann verzweifelt manch ein Diskusfreund und gibt vielleicht sein Hobby auf. Dies muss jedoch nicht sein, wenn bei der Pflege von Diskusfischen einige grundlegende Regeln beachtet werden. Und dabei wird Ihnen dieses Buch helfen.

Heimat Amazonien

Foto: O. Lucanus

Diskusfische stammen ursprünglich aus dem südamerikanischen Amazonasbecken. Dort kommen sie hauptsächlich in den Flüssen Brasiliens vor. Die Durchschnittstemperaturen dieser Flüsse beträgt meist um die 30 °C. Der pH-Wert des Wassers liegt immer im sauren Bereich und erreicht im Extremfall sogar Werte unter pH 4.0.
Allerdings kommen in diesen Schwarzwasserflüssen meist nur die Heckel-Diskus vor. Auffallend ist auch die sehr geringe elektrische Leitfähigkeit des Flusswassers die immer unter 50 µS/cm beträgt.

Im Aquarium müssen solche extremen Werte nicht nachvollzogen werden, denn der Diskus verträgt auch härteres Wasser und etwas höhere pH-Werte sehr gut. Während der Regenzeit werden jährlich riesige Gebiete Amazoniens überschwemmt und die Flüsse steigen über die Ufer. So bilden sich zeitweise riesige Seen, in denen die Diskusfische gute Laichbedingungen und jede Menge Futter vorfinden. Während der Regenzeit ist es kaum möglich Diskusfische zu fangen und deshalb beginnt der Export von Diskuswildfängen erst in unserem Winterhalbjahr.

Foto: O. Lucanus

Zahllose Hausboote, auf denen Fänger mit ihren Großfamilien leben, säumen die Flussufer.

Die Heimat unserer Diskusfische kann man als engagierter Aquarianer auch angenehm mit Hausbooten bereisen und dabei herrliche Eindrücke von Natur

Während der Regenzeit treten die gewaltigen Wassermassen über die Flussufer.

Im Überschwemmungsgebiet vermischen sich auch verschiedene Diskusfarbschläge.

Durch das überschwemmte Unterholz fahren die Fänger und suchen schöne Diskusfische.

und Landschaft mit nach Hause bringen. Bootstouren werden von den großen Städten, wie Manaus, Santarem oder Recife von Agenturen angeboten.

Bei tropischen Temperaturen kann so ein Fischfang ganz schön anstrengend werden.

Schwimmende Inseln verändern ständig die Optik der Flusslandschaften.

Diskusarten

Foto: T. Amano

≪ Heckel Diskus sind die klassischen Wildfänge und sie fallen durch ihren schwarzen Mittelstreifen sofort auf. Heckel Diskus mit natürlich blau gefärbten Kopfpartien sind besonders selten und begehrt.

Der Heckeltyp ≫ wurde als erster Diskus von seinem Namensgeber beschrieben.

Klassisch wurden für die Aquaristik bisher fünf Wildfangarten nach Ihren Erscheinungsbild eingeteilt und beschrieben. Diese Diskuswildfänge unterscheiden sich am einfachsten durch Ihre Färbung, wobei heute im Handel zahlreiche Fundortvarianten mit eigenen Fundortnamen bezeichnet werden.

Am einfachsten lässt sich der Heckel-Diskus erkennen, der 1840 von Johann Jacob HECKEL zuerst beschrieben wurde.

Diese Heckel-Diskus stammen aus dem Rio Negro Gebiet und werden als *Symphysodon discus discus* bezeichnet. Er ist sehr leicht an seinem markanten Senkrechtstreifen zu erkennen, denn jeder Diskus besitzt normalerweise neun Senkrechtstreifen, die alle gleich stark ausgebildet sind. Beim Heckel-Diskus ist es jedoch anders und zwar fällt vor allem der fünfte Streifen in der Körpermitte besonders intensiv auf. An diesem kräftigen Mittelbalken können Sie sofort einen Heckel-Diskus erkennen.

Die Pflege des Heckel-Diskus im Aquarium ist etwas schwieriger, da er in der Natur im Schwarzwasser lebt, dessen pH-Wert im Bereich von 4,0 liegt. Werden Heckel-Diskus im Aquarium aber in saurem und weichem Wasser gepflegt, so fühlen sie sich wohl und entwickeln sich prächtig. Im Gegensatz zu seinen Artgenossen ist die Zucht des Heckel-Diskus fast unmöglich.

Der sogenannte Blaukopf-Heckeldiskus wird als *Symphysodon discus willischwartzi* bezeichnet. Er wurde erst 1981 beschrieben und ist eine echte Rarität. Die Heckel-Diskus mit den kräftigen Mittelbalken zeigen hier zusätzlich als typisches Artmerkmal eine kräftige Blaufärbung im Kopfbereich. Diese Blaufärbung bei der Aquarienhaltung zu erhalten ist äußert schwierig und Voraussetzung dafür ist neben einem perfekten Aquarienwasser auch eine gute Pflege.

Die Grünen Diskus stammen oft aus dem Lago Tefé oder dem Rio Tefé. Je nach Herkunftsgebiet können diese als *Symphysodon aequifasciatus aequifasciatus* bezeichneten Diskusfische viele türkise Körpersteifen besitzen. Aber auch zahlreiche rote Punkte auf der Seite sind ganz typisch für diese Grünen Diskus. Solche kräftig rot gepunkteten Diskusfische zählen zu den begehrtesten Wildfängen und mit Ihnen wurden sehr interessante Nachzuchtdiskus gezüchtet.
Die Blauen Diskusfische werden meisten im Seengebiet von Manacapuru oder im Rio Purus gefangen. Auch Sie sind sehr attraktiv und tragen zu Ehren ihres Entdeckers den wissenschaftlichen Namen *Symphysodon aequifasciatus haraldi*. Die Abgrenzung zwischen den einzelnen Wildfangfarben ist manchmal etwas schwierig, aber ein durchgestreifter Blauer Diskus wird schnell als solcher erkannt. Voll durchgestreifte Blaue Diskus werden schon immer als Royal Blue Diskus bezeichnet und sind sehr begehrt und teuer.

» Grüne Tefé Diskus fallen immer durch ihre roten Punkte auf. Es gibt aber auch flächig grüne Wildfänge und solche mit grünen Streifen.

Mit *Symphysodon aequifasciatus axelrodi* kommen wir zum letzten Vertreter der klassischen Wildfänge. Der Braune Diskus, der nach dem bekannten amerikanischen Diskusspezialisten Dr. Herbert R. AXELROD benannt wurde ist ein echter Klassiker in unseren Aquarien. Schöne Braune Diskusfische bilden einen herrlichen Kontrast in einem bepflanzten Aquarium und sind bei guter Pflege echte Schmuckstücke. Sie wurden schon einmal für längere Zeit durch moderne Farbvarianten aus den Aquarien verdrängt, erleben jedoch eine Neuauflage in der Beliebtheit und gerade rot-braune Varianten sind sehr gesucht.

« Der voll durchgestreifte Blaue Diskus wird auch als Royal Blue Diskus bezeichnet.

Eine beeindruckende Gruppe von herrlichen Braunen Diskusfischen, wie sie heute in verschiedenen Farbabstufungen angeboten werden.

Schöne Diskus in voller Farbenpracht

Als vor rund fünfzig Jahren unsere Aquarianervorfahren ab und zu mal die große Gelegenheit hatten einen Diskus zu sehen oder gar zu kaufen, war es schon sensationell, wenn diese Wildfänge ein paar blaue Streifen hatten oder das Braun des Körpers etwas intensiver , als sonst war. Sensationell waren vor vierzig Jahren dann die ersten Türkisdiskus, die etwa zur Hälfte schon starke türkise Linierungen zeigten. Vor dreißig jahren war das Diskusglück dann fast perfekt, als es die ersten flächig blauen Diskus gab. Eine Steigerung schien nicht mehr möglich. Vor zwanzig Jahren kümmerten sich dann die asiatischen Züchter um die Diskusfische und plötzlich erschienen sehr viele Mischfarben auf dem Markt. Vor zehn Jahren war es dann so weit, dass bahnbrechnde Neuzüchtungen aus Asien auf unsere Märkte kamen. da gab es plötzlich die Pigeon Blood Diskus oder die Snake Skin und auch die wirklich flächig roten Diskus, die die gesamte Aquarienlandschaft veränderten. Seitdem vergeht kein Jahr wo es nicht verblüffende neue Farbvarianten gibt, die sich mal mehr, mal weniger durchsetzen. Ein Ende dieser Entwicklung scheint nicht absehbar, wenngleich auch jede Neuentdeckung nicht immer wirklich glücklich macht. Heute hat der Diskusliebhaber die große Auswahl unter vielen Farben und vor allem unter vielen Namen. Diese Vielfalt an teilweise sehr fantasievollen Namensschöpfungen verwirrt aber auch mehr, als sie hilft. Nur nach dem Namen kann man schon kaum noch Diskusfische kaufen. Besser ist es in jedem Falle sich die Diskusfische vorher genau anzusehen. Zum Glück sind die Zeiten aber weitgehend vorbei, wo die Farben mit Hilfe von Hormonen stark manipuliert wurden. Heute hat es eigentlich kein Züchter mehr nötig beispielsweise das Rot oder Blau seiner Diskusfische mit Testosteron zu verstärken und dabei die Fische zu schädigen. Die Farben sind heute im Prinzip erbfest und rote Diskus bleiben rot und blaue Diskus bleiben blau. Durch unterschiedliche Fütterungen gibt es zwar leichte Farbverschiebungen, aber die Grundfarbe bleibt doch wirklich erhalten. Bei halbwüchsigen oder ausgewachsenen Diskus lassen sich die Farbmerkmale ja sowieso gut erkennen.

Foto: M. Weege

Türkis Diskus
Sie sind die Klassiker unter den Diskusfischen. Die Bandbreite im Handel ist sehr groß und reicht von mehr blau-türkis über grün-türkis bis hin zu einem mehr rotbraun-türkis. Gemeint ist hier immer die Grundfärbung mit den entsprechenden Streifen. Später gab es dann auch noch eine Steigerung, die als Brillanttürkis Diskus verkauft wurde. Wichtig ist eigentlich immer eine schöne, kräftige türkise Zeichnung, die nie verwaschen aussehen soll. Heute sind die normalen Türkisdiskus etwas aus dem Handel verdrängt worden.

Blue Diamond Diskus
Sicher die attraktivste Farbform der Blauen Diskus. Zuerst gab es da die Flächentürkis, die aber immer noch Linienzeichnung im Kopfbereich zeigten. Erst später gelang es Züchtern in Asien die Linien komplett weg zu züchten und vollflächige Diskus zu kreieren. Dabei wurden auch gleich die neun dunklen Senkrechtstreifen weg gezüchtet und so entstanden völlig metallisch blau schimmernde Diskus, die dann den schönen und bis heute erhaltenen Namen Blue Diamond Diskus erhielten. Heute sind die Preise günstiger und ein Kauf lohnt.

White-Red Diskus
Diese Diskusfarbe ist ziemlich neu. Als die ersten völlig weißen Diskus gezüchtet werden konnten, wollten die Züchter gerne das Weiß mit dem Rot der Marlboro Diskus verknüpfen. Es gelang dann sogar eine ziemlich gute Trennung der beiden Farben auf dem Diskuskörper. Inzwischen gibt es diese Farbvarianten in vielen, unterschiedlich starken Abstufungen. Mal mit mehr, mal mit weniger Weiß oder Rot. Idealerweise besitzen diese Diskus auch ein schönes rotes Auge als Kontrast. Die Handelsnamen hierzu sind sehr fantasievoll.

White-Golden Diskus

Die originalen weißen Diskus stammen aus hellbraunen Wildfangnachzuchten ab. Inzwischen wurden Sie aber auch sehr stark verkreuzt. So entstehen ständig neue Farbnuancen, wie beispielsweise Goldkopfdiskus. Auch wurden die ehemaligen Ghost Diskus eingekreuzt, was dann aber wieder zur Folge hat, dass grauschwarze Flossenränder auftraten, die bei den rein weißen Diskus fehlen. Auch kann die Goldfärbung anteilig größer werden und sogar auf der Körpermitte erscheinen. Varianten gibt es also genug.

Rottürkis Diskus

Einst war der deutsche Rottürkis Diskus ein feststehender Begriff, der um die ganze Diskuswelt eilte. Es war erstmals gelungen den braunen Diskusgrundfarben ein erstes zartes Rot beizumengen. In Kombination mit den türkisen Streifen sahen diese Diskus wirklich toll aus. Je nach Typ war die Grundfarbe mehr rotbraun oder mehr türkis. Die asiatischen Käufer waren ganz wild auf diese deutschen Rottürkis und so erklärt sich auch, weshalb die deutschen Diskuszüchter vor dreißig Jahren schon weltweit einen so tollen Ruf besaßen.

Degens Red Scribbled Diskus

Eine ganz besondere Farbvariante, die Sie so leider nicht mehr im Original kaufen können. 1990 wurden diese sagenhaften Red Scribbled Diskus dem asiatischen Publikum vorgestellt und schnell zum begehrten Objekt. Gerade in Taiwan und Japan begründeten sie so manche neue Zuchtlinie. Einmalig war das unterbrochene Linienmuster, das in dieser Musterung bis dahin noch nie so aufgetreten war. Ähnliche Diskus werden heute zwar angeboten, kommen aber dem Original aus alten Zeiten nicht ganz so nahe.

Rote Diskus

Die Farbe Rot war immer die Traumfarbe der Diskusfreunde. Doch lange blieb es bei diesem Traum, der unerreichbar schien. In Braune Diskus wurde immer die Farbe Braun hineingewünscht. Die Züchter oder Liebhaber entdeckten ein Rot, wo nicht wirklich eines war. Erst viel später gelang es über den Umweg Brauner Wildfang und Pigeon Blood, wirklich zu Roten Diskus zu kommen. So mancher enttäuschte Diskuskäufer musste zusehen, wie das schöne Rot seiner Diskus immer blasser wurde, war dieses doch manipuliert.

Marlboro Diskus

Die ersten wirklich flächig roten Nachzuchten brachte der thailändische Züchter Kitti auf den Markt. Schon kurz nach seinen Erfolgen mit roten Pigeon Blood konnte er weitgehend flächig rote Diskus züchten. Die Marlboro Diskus, die übrigens nach der berühmten Zigarettenschachtel benannt wurden, hattten anfangs immer einen hellen, meist weißen Kopf. Eigentlich auch ein Markenzeichen. Heute gibt es so viele rotgründige Diskus auf dem Markt, dass es schwierig erscheint hier irgendwie klar zu trennen.

San Merah Diskus

Ein noch junger Diskustyp, der ein sehr dunkles Rot zeigen soll. Der Kopf soll eine goldbraune Farbe zeigen, doch kann das Rot noch weiter in den Kopfbereich vordringen. Letztlich ist es aber auch eine Art Marlboro Diskus. San Merah Diskus mit einem gleichmäßig, kräftig roten Körper sind schwer zu finden und nur wenige Händler können solche dunklen Typen liefern. Oft ist das Rot zu hell, dann ähneln sie eher dem Erscheinungsbild der Red Monk Diskus. Die Farbnuancen sind wirklich fließend und schwer zu verstehen.

Red Monk Diskus
Aus Thailand kamen erst vor wenigen Jahren die sogenannten Red Monk Diskus zu uns. Sie sind sehr selten in den Geschäften zu finden. Ihre rote Farbenpracht soll die roten Gewänder der thailändischen Mönche widerspiegeln. Tatsächlich sind die wirklichen Red Monk Diskus aus Bangkoks Zuchtanlagen nicht knallrot, sondern mehr in einem hellen Samtrot zu sehen und ihre Kopfpartie ist goldrot, wobei das Gold in dem Rot verschwimmen soll. Sie sehen, dass hier schon feine Farbnuancen entscheidend sein können.

Red Spotted Diskus
Rot gepunktete Diskus sind in den letzten Jahren die absoluten Renner in der weltweiten Diskusszene geworden. Alles, was viele rote Punkte hat, ist bei Diskusleuten begehrt. Es gibt die rotgepunkteten Diskus, die aus den Grünen Tefé Diskus hervorgegangen sind und um diese handelt es sich hier. Wildfänge wurden in Südostasien mit Nachzuchtdiskus verpaart und so konnte die Vielzahl der roten Punkte, die die Wildfänge mitbrachten, gesteigert und vor allem erbfest gemacht werden. Damit begann ihr Siegeszug.

Pigeon Blood Diskus
Die absolut revolutionärste Neuzüchtung, die jemals bei Diskusfischen gelang, war die der Pigeon Blood Diskus aus Thailand. Zuerst gab es einen Stamm von roten Pigeon Blood, die aber sehr viele Schwarzzellen zeigten. Nach und nach wurde die unschöne, schwarze Farbe weg gezüchtet und immer neue Farbkombinationen entstanden. Heute sind die Pigeon Blood Stammväter vieler Diskusfarben geworden und alle Farbnuancen sind denkbar. Diese Mutation war ein züchterischer Meilenstein.

Snake Skin Diskus

Eine weitere Revolution in der Diskusgeschichte waren die Snake Skin Diskus, die durch ihr schlangehaut ähnliches Schuppenkleid besonders auffielen. Zuerst wurden sie in Malaysias Diskushochburg Penang entdeckt. Ein Nebeneffekt war, dass diese Diskus auch plötzlich mehr als neun Senkrechtstreifen bildeten. Es gab sie mit 14 und sogar 16 Streifen, die mehr oder weniger zu sehen sind. Besonders im Kopfbereich müssen Snake Skin ein auffälliges feines Streifen- und Schuppenmuster zeigen.

Blue Diamond Snake Diskus

Züchterischer Ehrgeiz sorgte dafür, dass andere Farbformen mit Snake Skin verpaart wurden. Die flächig blauen Blue Diamond Diskus boten sich an. So dauerte es nicht lange, bis es eine Kombination des starken Blau mit dem Schlangenhautmuster geben musste. Hier variiert das Hautmuster von sehr feinen Schuppen bis zu einer groberen Schuppenstruktur. Alle Snake Skin Diskus-Varianten sind sehr attraktiv und erreichen auch tolle Körpergrößen. Ihre Verkaufspreise sind aber auch noch etwas höher.

Red Spotted Snake Diskus

Immer wieder rote Punkte! Sie stehen wirklich im Mittelpunkt des Interesses bei Diskusliebhabern. Hier konnten die Red Spotted Diskus mit den schönen Snake Skin verpaart werden und so entstand eine neue Farbvariante. Es gelang schon sehr bald die roten Punkte über den gesamten Körper zu verteilen, so dass Diskus mit mehreren hundert Punkten zu kaufen sind. Je intensiver das Rot der Punkte, gepaart mit einem satten Türkis als Grundfarbe, desto kostspieliger sind diese Diskus.

Golden Snake Diskus
Die Züchter suchen immer wieder nach neuen Farbvarianten, weil dies auch Mehrumsatz bedeutet. Die Nachfrage nach Besonderheiten bleibt ungebrochen. Die Golden Pigeon, hier am roten Kopf zu erkennen, ließen sich gut einkreuzen und vererbten goldene und rote Farbtöne. Gepaart mit den rotgepunkteten Diskus konnten so goldfarbene Snake Skin mit schönen roten Merkmalen und vor allem vielen feinen roten Punkten entstehen. Allerdings sind diese Diskus sehr schwer zu züchten und entsprechend selten.

Leopard Snake Diskus
Momentan stellen die Leopard Snake Skin die Spitze der Diskuszucht dar. In den letzten Jahren kamen viele solcher schönen Diksus auf den Markt und sie gewannen auch fast alle Diskusshows. Einziger Nachteil ist der knackige Preis. Doch es lohnt sich. Sie zeigen deutlich abgegrenzte schöne runde rote Punkte. Die Körpergrundfarbe kann in allen Nuancen variieren. Der Fantasie sind fast keine Grenzen gesetzt. Die dunklen Senkrechtstreifen sind nur selten zu sehen und stören nicht den optischen Eindruck. Ein toller Diskus!

Golden Diskus
Anfangs war es sehr schwierig wirklich goldene Diskus zu züchten. Meist überdeckten andere Farben zu sehr das Gold. Inzwischen ist es jedoch kein Problem, flächig goldene Diskus zu kaufen. Je weniger Pigeon Blood Linie hineingekreuzt wurde, desto besser, denn dann kommt das Gold sauberer heraus. Goldene Snake Skin sind noch rarer, denn ihr Anteil beträgt bei Topzuchten nur 20 bis 40 % und macht sie noch begehrenswerter. Die Farbe Gold ist in Asien sehr wichtig und deshalb gelangen die Spitzendiskus kaum zu uns nach Europa.

Wildfänge oder Zuchtformen?

Foto: P. Vögelin

In den allermeisten Fachgeschäften und auch bei den Züchtern, werden fast ausschließlich Nachzuchten von Diskusfischen zum Verkauf angeboten. Dabei ist es unerheblich ob es sich um kleinere Jungfische oder ausgewachsene Exemplare handelt. Der Diskuswildfang bleibt immer wieder die große Ausnahme.
Selbstverständlich gibt es zwar auch auf Diskuswildfänge spezialisierte Fachgeschäfte, jedoch sind diese nicht so häufig anzutreffen und so empfiehlt es sich bei der Suche nach Diskuswildfängen das Discus live Fachmagazin zu Rate zu ziehen. Diskuswildfänge sind in der Regel auch etwas anspruchsvoller in der Pflege, beziehungsweise fordern von ihrem Pfleger noch mehr Aufmerksamkeit als dies bei anderen Diskusfischen schon der Fall sein sollte.
Wildfänge werden logischerweise der Natur entnommen und sind deshalb meist schon etwas größer. Nur selten bekommen Sie halbwüchsige Wildfänge, bei welchen Sie dann die Möglichkeit hätten, noch regulierend bei der Aufzucht einzugreifen. Meist müssen

Foto: S. Heller

Sie ausgewachsene oder fast ausgewachsene Diskusfische kaufen und dort ist der Entwicklungsprozess schon längst abgeschlossen und Sie müssen sich ausschließlich um eine gute Hälterung bemühen damit diese Wildfänge auch ihre schönsten Farben zeigen können.
Bei den zahlreichen Nachzuchtvarianten, die es heute gibt, haben Sie alle Möglichkeiten sich die Fische Ihrer Wahl auszusuchen und vielleicht sogar auch selbst aufzuziehen. Das macht Spaß, wenngleich es auch nicht immer einfach ist aus einem 4 cm großen Diskus einmal einen Prachtkerl mit 18 cm Körperdurchmesser heranzuziehen.
Versuchen Sie es also zuerst einmal mit Diskusnachzuchten und beschränken Sie sich hierbei auch auf gut haltbare Farbvarianten wie beispielsweise die Pigeon Blood Diskus. Diese werden Ihnen sicherlich viel Freude machen und es gibt ja jede Menge Farbspielarten dieser Diskusvariante.

Wo finden Sie Diskusfische?

Der Diskus ist sicherlich kein Allerweltsfisch im Bereich der Aquaristik und das ist auch gut so.
Durch seinen hohen Preis regelt er von selbst die Nachfrage und logischerweise auch das Angebot in den Fachgeschäften. Da es sogar etliche Fachgeschäfte gibt, die sich fast ausschließlich auf Diskusfische spezialisiert haben, ist es nicht schwierig schöne und gute Diskusfische in solchen Geschäften zu kaufen. Aber auch die gut sortierten, größeren Zoofachgeschäfte kommen heute nicht mehr umhin, zumindest während der Saison Diskusfische anzubieten.
Da besonders aus dem asiatischen Raum sehr viele Farbvarianten im Handel sind, kann es schon vorkommen, dass Sie immer wieder von neuen Farbkombinationen im Geschäft überrascht werden.
Kaufen Sie also nicht überstürzt, sondern schauen Sie sich vorher etwas genauer um und erkunden Sie das Angebot in Ihrer näheren Umgebung, dann werden Sie Ihren Traumdiskus schon finden.

» Faszinierender Diskuseinkauf – so soll es sein, denn dann kommt Freude auf! Gibt es für Aquarianer etwas Aufregenderes als den Diskuskauf?

Geschlechtsunterschiede

» Diskusmännchen sind meist etwas größer und haben auch länger ausgezogene Flossen. Bei Wildfängen, wie bei dem Heckel Diskus rechts sind solche Merkmale weniger stark ausgeprägt.

Es wäre schön, wenn man in ein Geschäft gehen und den Wunsch nach einem Pärchen junger Diskusfische äußern könnte. Naja, äußern könnte man den Wunsch schon, aber der Verkäufer müsste wohl mit einem Lächeln antworten, dass dies nicht möglich ist. Diskusfische haben keine klaren äußerlichen Geschlechtunterschiede. Bei kleineren Diskusfischen ist es sowieso nicht möglich irgendwelche Aussagen über Ihr Geschlecht zu treffen. Nur bei ausgewachsenen Fischen wäre es möglich die Geschlechtsfrage einigermaßen durch eine Auswahl zu beantworten. Doch selbst erfahrene Diskuszüchter können nicht hundertprozentig das Geschlecht von Diskusfischen bestimmen, wenn sie die Fische nicht selbst beim Ablaichen beobachten konnten. Nicht immer deutet eine stärkere Beflossung oder ausgezogene Rückenflossen auf ein Männchen hin. Auch der bulligere Körperbau eines Diskusfisches lässt nicht sofort auf ein Männchen schließen. Alle diese Merkmale können auch auf Weibchen zutreffen. Sicher gibt es eine hohe Wahrscheinlichkeitschance, wenn man einen Profi zu Rate zieht und diesen über die Geschlechter der angebotenen Fische befragt. Hundertprozentig darf man sich aber keinesfalls darauf verlassen. Erst wenn die Diskusfische einmal Laichvorbereitungen getroffen haben und die Geschlechtsteile beziehungsweise die Legeröhre des Weibchens deutlich zu sehen waren, sind die Geschlechter genau zu bestimmen.

Foto: B. Kahl

Ein schneller Gesundheitscheck

» Gesunde Diskus schwimmen munter im Aquarium umher, sind nicht schreckhaft und fressen gut. Junge Diskus müssen gleichmäßig wachsen.

Viel wichtiger als nach dem Geschlecht zu fragen ist es sich beim Neuerwerb um die Gesundheit der Diskusfische zu kümmern. Beobachten Sie die Fische Ihrer Wahl auf jeden Fall einige Minuten ganz gründlich. Stellen Sie sich vor das Aquarium und beobachten Sie wie sich die Fische verhalten. Sind sie scheu, stehen sie in der Ecke und zeigen sie vielleicht sogar eine dunkle Färbung? Wenn ja, ist Vorsicht angeraten, denn eine dunkle Schreckfärbung deutet immer Probleme an. Diese müssen noch nicht gravierend sein, aber ein Verdacht ist zumindest legitim. Gesunde Diskusfische schwimmen munter im Aquarium umher und fressen auch gierig, beziehungsweise zeigen großes Interesse am gebotenen Futter. Es schadet also nicht, wenn vor dem Kauf der Käufer eine kleine Portion Futter in das Aquarium wirft, um zu demonstrieren, dass die Diskusfische gut fressen.

≫ Bin ich nicht ein gesunder und kraftstrotzender Diskus?

Ich bin kerngesund

» Flossenschäden wachsen wieder nach, jedoch vielleicht nicht mehr so schön wie gewünscht.

Selbstverständlich sollten die Fische keinerlei Merkmale einer Abmagerung zeigen. Der Körper muss deutliche Rundungen zeigen und besonders die Kopfpartie sollte schön nach außen abgerundet sein. Eingefallene oder gar magere Köpfe deuten auf Todeskandidaten bei Diskusfischen hin.

Auch die Augengröße im Verhältnis zur Körpergröße ist ein gutes Merkmal, um auf gesunde oder kranke Diskus hinzuweisen. Gesunde und perfekt aufgewachsene Diskusfische haben ein relativ kleines Auge im Verhältnis zur Körpergröße. Erscheint Ihnen das Auge einfach zu groß, dann ist Vorsicht geraten, denn dieser Diskus kann Wachstumsschäden haben. Auch sollte die Farbe des Auges klar und schön sein, in der Mitte des Auges befindet sich eine dunkle, schwarze Pupille und außen herum ist das Auge kräftig rot, oder gelb gefärbt. Dieser Farbsaum sollte möglichst gut hervortreten. Fehlt diese gelbe oder rote Färbung und ist das gesamte Auge dunkel, deutet dies auch wieder auf mögliche Krankheiten oder mindestens ein Unwohl sein der Fische hin.

So lässt sich mit etwas Aufmerksamkeit und guter Beobachtung schnell erkennen, ob die Diskusfische in diesem Aquarium als gesund oder als kränkelnd eingestuft werden können. Lassen Sie sich also bitte vor dem Kauf etwas Zeit und beobachten Sie ruhig die ausgewählten Diskusfische etwas gründlicher.

CHECKLISTE KRANKHEITSANZEICHEN

- **Appetitmangel**
- **Gewichtsverlust**
- **verringerte Aktivität**
- **Abmagerung**
- **weißer, zäher Kotfaden**
- **schnelle Atmung**
- **ein Kiemendeckel anliegend**

Zuerst muss ein Aquarium her

Foto: R. Killian

» **Schön bepflanzte und mit Diskus besetzte Aquarien fügen sich hervorragend in die Wohnlandschaft ein.**

Aquarien gibt es in vielen Formen und Größen. Für unsere Diskusfische darf das Aquarium keinesfalls zu klein sein und deshalb empfiehlt es sich hier an die Obergrenze des für Sie machbaren zu gehen. Wenn Sie noch kein Aquarium besitzen und gleich mit einem Diskusaquarium beginnen wollen, müssen Sie sich zuerst einmal gründlich informieren was so alles auf dem Markt ist. Schließlich haben Sie ja Ihre festen Vorstellungen und wissen vielleicht auch schon wo das zukünftige Aquarium stehen soll.

Für unsere Diskusfische ist günstig, wenn das Aquarium mindestens 100 cm, besser 120 cm lang ist. Eine Aquarienhöhe von 50 cm wäre für diese Länge ideal. Die Tiefe des Aquariums darf keinesfalls 40 besser 45 cm unterschreiten. Dies waren jetzt die Mindestmaße für Ihr erstes Diskusaquarium und vielleicht sind Sie jetzt etwas überrascht, da dies doch die Maße für ein fast ausgewachsenes Aquarium sind und diese Maße sind nicht mit den üblichen Anfängeraquarien zu vergleichen. Trennen Sie sich also von Anfang an davon, dass Sie ein kleines Aquarium mit 60 oder 80 cm Länge anschaffen können. Irgendwie oder irgendwann werden Sie dann sowieso beim idealeren großen Diskusquarium landen und dann sind Aquarienlängen von 150 bis 200 cm fast die Norm für ein schönes Diskusaquarium. Dann steigt auch die Höhe auf 60 cm an und bei der Tiefe werden Sie sich zwischen 50 und 60 cm entscheiden dürfen. Falls Sie es wagen und Platz für ein solches großes Aquarium haben, können wir Ihnen dies auch für den Anfang nur empfehlen.

Ein Aquarienschrank

Idealerweise könnten Sie gleich eine Aquarienschrankkombination erwerben und diese passend zu Ihrer Wohnzimmereinrichtung auswählen. Der Fachhandel bietet Ihnen hierzu alle Möglichkeiten und es gibt für jeden Geschmack und jeden Einrichtungstyp die richtige Aquarienkombination. Hier bekommen Sie ein fertiges Aquarium, das einen Unterschrank besitzt und auch eine Abdeckung in passendem Dekor. Der Unterschrank, auf welchem das Aquarium steht, ist meist aus Holz gefertigt und in diesem Unterschrank lässt sich sehr gut die Filtertechnik verbergen. Die Aquarienabdeckung nimmt die entsprechenden Leuchten auf und lässt sich leicht nach hinten klappen, sodass die Fische problemlos gefüttert werden können.

» **Auch ein Raumteiler-Aquarium, das mit Diskus besetzt ist, ist denkbar, denn die Fische gewöhnen sich schnell an dieses Umfeld.**

Auf das Gewicht achten

Bitte bedenken Sie, dass Ihr neues Aquarium ein enorm hohes Gewicht besitzt. Dies ist besonders dann der Fall, wenn Sie wirklich ein großes Diskusaquarium aufstellen. Schnell kommen hier 500 oder mehr Kilogramm Gewicht auf kleinstem Raum zusammen. Dies bedeutet nicht, dass sich Ihr Fußboden jetzt gleich biegen wird, aber Sie müssen zumindest ein stabiles Untergestell besorgen. Bei einem Aquarienschrank ist dies bereits alles berücksichtigt und sehr stabil ausgelegt.

Der richtige Platz

Ihr neues Aquarium stellen Sie am besten dort auf, wo Sie das Leben im Aquarium gut beobachten können. Aber bei Ihrem Lieblingsplatz ist auch zu berücksichtigen, dass einige Grundregeln zu beachten sind. Ein Aquarium darf nie direkt am Fenster stehen, da sonst zulange direktes Tageslicht ins Aquarium fallen wird und Sie sicher eine größere Algenplage bekommen werden. Es ist tatsächlich so, dass eine elektrische Aquarienbeleuchtung viel besser für das Aquarium geeignet ist, als Tageslicht. In der Frontscheibe des Aquariums dürfen sich auch keine Fenster oder Lampen spiegeln, denn diese Lichtreflexe stören, wenn Sie ins Aquarium hineinschauen wollen.

Das Einrichten des Aquariums

Größere Diskusaquarien können der absolute Mittelpunkt eines Wohnraumes oder Büros werden. Machen Sie es aber gleich richtig. Wir zeigen Ihnen Schritt für Schritt, wie Sie zu einem Schauaquarium kommen. Zuerst den Unterschrank mit Schaumstoff oder einer Styroporfolie bedecken, damit sich kleine Spannungen ausgleichen können. Darauf das Aquarium und die Rückwand hineinstellen und verkeilen. Jetzt die Rückwand mit Silikon am Aquarium verkleben und Spalten im Bodenbereich mit Filterschaum verschließen. Hier kann das Wasser in den mit Filterkugeln gefüllten

Filter hinter der Rückwand fließen. Diese Bodenzirkulation durch den Filter hat zusätzliche Vorteile. Die Rück- und Seitenwände werden von außen mit brauner Klebefolie verblendet. Dann kommt der gewaschene Bodengrund ins Aquarium und wird gleichmäßig verteilt. Ideal sind feine Kies- oder Sandsorten. Im Diskusaquarium verzichten wir besser auf den Zusatz von Bodendüngemischungen. Später kann etwas Flüssigdünger zugegeben werden. Über dem Aquarium wird später der Lichtbalken mit zwei Leuchtstoffröhren angebracht. Die Fassungen müssen wasserdicht sein.

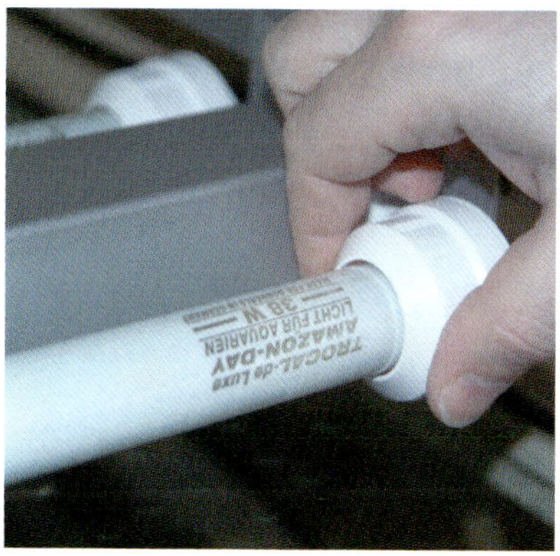

So vorbereitet ließen sich jetzt die ersten Pflanzen einsetzen, nachdem vorsichtig temperiertes Leitungswasser eingelassen wurde. Bei in Töpfen gelieferten Pflanzen wird das Substrat entfernt, ohne sie zu verletzen. Damit Pflanzen schnell im Aquarium wieder anwachsen, empfiehlt es sich die alten Wurzeln etwas zu beschneiden. Machen Sie sich Gedanken, wo Sie welche Pflanzen einsetzen wollen. Größer werdende Pflanzen nach hinten. Einzeln wirkende Pflanzen an eine exponierte Stelle und kleinere Pflanzen in den Vordergrund. Bedenken Sie auch, dass bei gutem Wuchs bald das Aquarium voll mit Pflanzen sein wird, und Sie auslichten müssen. Anfangs sieht ein frisch eingerichtetes Aquarium immer etwa mager aus. Die Pflanzen mit den Fingern in ein Loch stecken, etwas zurechtrücken und fertig ist das Einsetzen. Korrekturen können in den ersten Tagen immer noch leicht gemacht werden. Erst wenn alle Pflanzen eingesetzt sind, wird der Wasserstand erhöht, so dass jetzt die Filterpumpen und die Heizung eingeschaltet werden können. Überprüfen Sie in den ersten Tagen mehrmals deren Funktion. Stellen Sie die Wassertemperatur auf 28 Grad Celsius ein. Jetzt heißt es geduldig

sein. Ein Hauptfehler ist das zu schnelle Einsetzen der Fische. Ein neu eingerichtetes Aquarium braucht Zeit zum stabilisieren der Wasserwerte. Messen Sie die Wasserwerte und geben Sie den Pflanzen Zeit. Frühestens nach zwei Wochen können Sie die ersten Panzerwelse oder andere Beifische einsetzen. Mit den Diskus warten Sie noch etwas, aber nach vier Wochen ist die Zeit gekommen. In einem so toll eingerichteten und gut vorbereiteten Aquarium werden sich die Diskus wohl fühlen. Einmal wöchtentlich ein Teilwasserwechsel und das Schauaquarium funktioniert bestens.

Eine Aquarienrückwand muss her

Fangen wir doch mit einer schönen Aquarienrückwand mit dem Einrichten an. Wieso eine Rückwand werden Sie sich fragen? Genügt hier nicht einfach eine Folie oder etwas farbiges Papier, das von außen an das Aquarium geklebt wird? Nein, Sie sollten sich schon mit etwas anspruchsvolleren Rückwänden für Ihr neues Diskusaquarium beschäftigen.

» Rückwände im Aquarium werten dieses einfach besser auf. Das Aquarium von außen zu bekleben ist nur eine Notlösung und ersetzt nicht die Strukturrückwand.

Möglichkeiten gibt es hier viele. Sicher wäre es einfach eine hellbraune oder hellblaue Rückwand in Form von Plastikfolie von außen auf das Aquarium zu kleben, aber schöner wird es mit einer eingebauten Rückwand im Aquarium. Diese teilweise gut der Natur nachgebildeten Rückwände bestehen aus einem ungiftigen Kunststoff und können direkt ins Aquarium eingeklebt werden. Schauen Sie sich einmal im Fachgeschäft um, was es da so alles gibt.
Für die meisten Normgrößen der Aquarien gibt es fertige Aquarienrückwände, die mit Silikon direkt ins Aquarium geklebt werden. Das ist eine ideale, schöne Dauerlösung die den hohen Anschaffungspreis rechtfertigt und das Aquarium aufwertet durch ihr natürliches Aussehen.

Richtig heizen

Ob Sie sich für eine Bodengrundheizung oder eine Stabheizung entscheiden ist einerseits Geschmacksache, andererseits aber auch davon abhängig, ob Sie Ihr neues Aquarium stärker bepflanzen wollen.

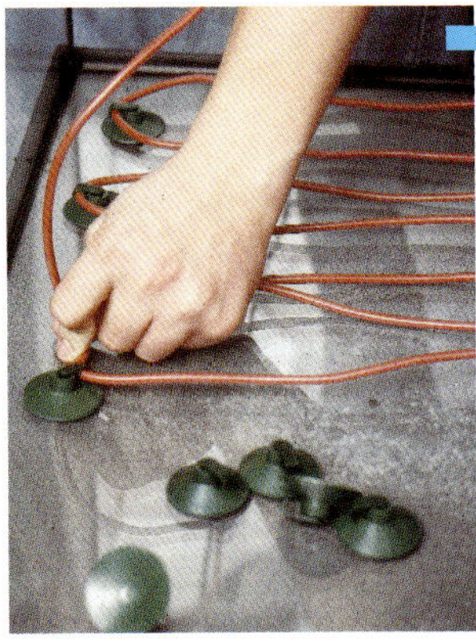

» In bepflanzten Aquarien werden gerne Bodenheizungen unter dem Aquarienkies eingegraben. Dies sorgt für besseres Pflanzenwachstum. Gerne auch kombiniert mit einem Regelheizer.

Bei einem bepflanzten Aquarium empfiehlt es sich über eine Bodenheizung im Bodengrund nachzudenken. Vorteil einer Bodenheizung ist das bessere Pflanzenwachstum. Ansonsten genügt ein Heizstab, dessen Stärke auf den Wasserinhalt des Aquariums ausgerichtet wird. Bei großen Aquarien ist durchaus auch eine Kombination von Bodenheizung und Thermostat-Heizstab eine glückliche Variante. In beheizten Wohnräumen reicht ein Watt Heizleistung für etwa 2,5 bis 3,0 l Aquarienwasser aus. Das bedeutet, dass Sie für ein 600 l fassendes Aquarium einen Heizstab mit einer Leistung von 200 bis 250 W benötigen.

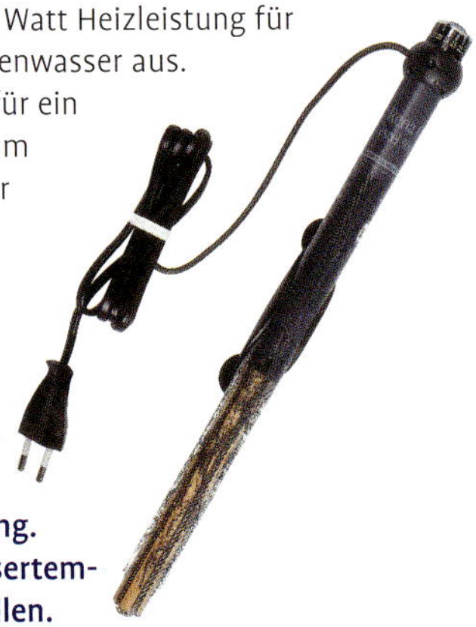

» Der klassische Stabregelheizer ist immer noch erste Wahl bei der Aquarienbeheizung. So lässt sich die Wassertemperatur genau einstellen.

Der richtige Bodengrund

Endlich geht es ans Einrichten und zuerst ist der Bodengrund an der Reihe.

Diskusfische lieben einen feinen Bodengrund, ja sie bevorzugen in jedem Fall einen feinen Sandboden. Sie blasen gerne in den Sand hinein und suchen hier nach Fressbarem. Bei groben Kies ist dieses Verhalten nicht möglich, denn grober Kies kann von den Diskusfischen nicht durchsucht werden. Eine Körnung von ein bis zwei Millimetern ist also geradezu ideal und selbstverständlich wird der Sand oder feine Kies mehrmals gründlich vorgewaschen. Für ein eingerichtetes Aquarium ist es schon angebracht die Bodengrundschicht sechs bis acht Zentimeter hoch einzubringen. Da geht eine ganze Menge Sand in Ihr Aquarium und natürlich lässt sich eine Bodenheizung gut in diesem Sandboden verstecken.

» Diskusfische lieben sehr feinen Bodengrund, den sie nach Futter durchsuchen. In Amazonien ist feiner Sand der meistverbreitete Bodengrund.

Die richtigen Einrichtungsgegenstände

Für den Anfang liegt in der Beschränkung das ideale Maß. Suchen Sie sich einige schöne Steine aus, die allerdings keinen Kalk an das Aquariumwasser abgeben dürfen. Granit und Schiefer sind die idealen Steine der ersten Wahl. Auf Wurzeln sollten Sie am Anfang ganz verzichten, denn Sie belasten das Wasser doch erheblich und solange Sie noch zu wenig Erfahrung mit der Wasserbehandlung haben, ist es in jedem Falle günstiger auf Moorkienwurzeln im Aquarium zu verzichten. Als Alternative gibt es schön geformte und teilweise echt aussehende Tonwurzeln im Handel, die sich als Dekorationshilfsmittel einbauen lassen.

» **Schieferplatten können für schräge Aufbauten benutzt werden. Manchmal laichen die Diskus sogar daran ab. Steinformen gibt es sehr viele.**

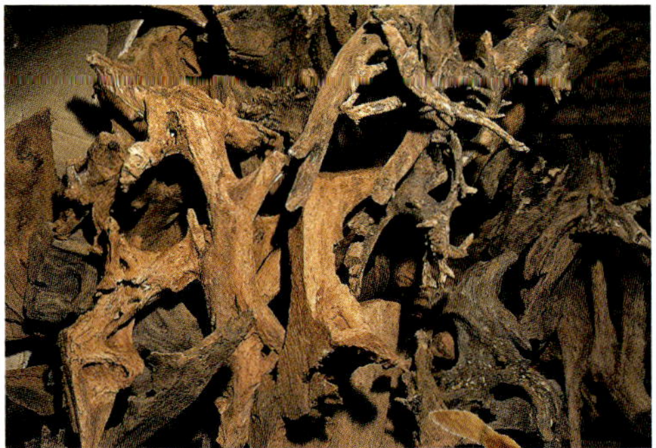

» **Steine und Wurzeln sind dekorativ, müssen aber gezielt auf ihre Eignung im Diskus-aquarium überprüft werden.**

Foto: S. Kucharkowski

Das erste Wasser

Das erste Wasser für Ihr neues Aquarium stammt wahrscheinlich ausschließlich aus der städtischen Wasserleitung. Dies ist für den Anfang auch völlig in Ordnung, denn wir wollen uns ja bei der ersten Einrichtung eines Aquariums nicht all zu sehr mit Wasserchemie belasten. Frisches Leitungswasser wirkt allerdings nicht selten aggressiv auf die Schleimhäute der Diskusfische und deshalb ist bei der Neueinrichtung eines Aquariums Zeit ein wichtiger Faktor. Einer der ersten Fehler ist, dass in neu eingerichtete Aquarien zu schnell Fische eingesetzt werden. Sie können zwar dem frischen Aquarienwasser Wasseraufbereiter zugeben, jedoch löst das nicht die Problematik. Sie müssen sich anfangs einfach mit einer Wartezeit von zwei bis vier Wochen abfinden und es ist in jedem Falle günstiger, wenn Sie ein neues Aquarium einrichten, diese Wartezeit auch fest einzuplanen. Machen Sie also bitte nicht den Fehler, dass Sie Ihr Aquarium einrichten und schon am nächsten Tag die Fische einkaufen und einsetzen. So etwas geht meistens schief und schnell ist es mit dem Spaß der gehobenen Aquaristik wieder vorbei.

Foto: B. Kahl

» Wasserschrauben wie diese *Vallisneria spiralis* sind für die Hintergrundbepflanzung ideal. Die Ausläufer müssen aber gelegentlich entfernt oder umgepflanzt werden.

Bei der Pflanzenauswahl für ein Diskusaquarium müssen Sie darauf achten, nur Pflanzen auszuwählen, die die erhöhten Temperaturen auch gut vertragen. Um das Aquarium stilecht zu bepflanzen, müssten Sie sich auf südamerikanische Pflanzen beschränken. Sehr geeignet sind hier die Amazonasschwertpflanzen der Echinodorusfamilie. Ein Diskusaquarium muss nicht unbedingt mit zu vielen Pflanzen überfüllt werden, denn die Diskusfische benötigen als große Fische ja auch ausreichend Schwimmraum.
Im Vordergrund des Aquariums können Sie kleinbleibende *Echinodorus* Zwergschwertpflanzen einsetzen und für den mittleren Bereich gibt es ebenfalls ideale Echinodorusvarianten, die nicht zu hoch werden. Auch die eine oder andere groß werdende *Echinodorus* lässt sich sehr schön als Solitärpflanze in den Hintergrund setzen. Manche dieser *Echinodorus* wachsen dann sogar aus dem Aquarium heraus, wenn dieses nicht abgedeckt ist.
Halten Sie sich mit dem Düngen deutlich zurück, denn der Pflanzendünger kann durchaus Probleme bei den Diskusfischen erzeugen. Günstiger als der Einsatz von Pflanzendünger ist die Verwendung einer Kohlendioxiddüngung. Im Fachhandel sind verschiedene Komplettsysteme erhältlich.

Foto: H. Custers

Die Horizontale Schwertpflanze, *Echinodorus horizontalis*, benannt nach ihrer Blatthaltung, ist leider nur selten erhältlich, sie fügt sich aber gut in ein Aquarium mit Diskusfischen ein.

Foto: Y. Tavernier

Diese *Echinodorus*-Hybride 'Beauty Red' wurde frisch ins Aquarium gepflanzt. Sie verträgt die Wärme im Diskusaquarium und wird ihre Blätter sicher bald schön ausgerichtet haben.

>> Auch die Amerikanische Wasserschraube, *Vallisneria americana*, ist – wie *Valisneria spiralis* – für die Bepflanzung des Aquarienhintergrunds oder der -Seiten ideal. Beide Arten sollten aber nicht vermischt werden, da sie später nur schwer unterscheidbar sind. Wachsen Ausläufer in andere Pflanzengruppen, sollten sie frühzeitig abgetrennt werden, ehe die Mutterpflanzen viel Kraft in die Ableger investiert haben. Für ein gesundes Wachstum brauchen die Wasserschrauben einen nährstoffreichen Bodengrund. Ohne reichlich Wasserpflanzendünger im Boden ist auf Dauer keine erfolgreiche Pflege der Wasserschrauben im Diskusaquarium möglich.

Foto: Y. Tavernier

Foto: B. Kahl

« Zwergspeerblätter, *Anubias barteri* var. *nana*, stammen aus Westafrika. Von der geografischen Verbreitung her sollte man meinen, dass sie nicht zu den südamerikanischen Diskus passen. Aber als echte Tropenkinder sind sie anpassungsfähige Sumpfpflanzen, welche die dauerhaft untergetauchte und warme Pflege im Diskusaquarium sogar genießen und dort optimal wachsen.

Foto: B. Kahl

Unter den Wasserkelchen aus Asien finden sich ebenfalls Vertreter einiger Arten – wie diese *Cryptocoryne pontderiifolia* –, die sich im warmen Wasser sehr wohl fühlen. Allerdings sind nicht alle Wasserkelche so gut für das Diskusaquarium geeignet. »

Foto: Y. Tavernier

« Becketts Wasserkelch, *Cryptocoryne beckettii*, gibt es in grünen und braunen Wuchsformen. Diese Pflanze ist ebenfalls anpassungsfähig, mag es aber nicht ganz so warm; 24 bis 27 °C sind optimal, eine kurzfristige Erhöhung auf 30 °C, wenn die Diskus gezüchtet oder behandelt werden sollen, verträgt aber auch diese Pflanze ohne Schaden zu nehmen. Sollten die Blätter trotzdem zerfallen, so schießen die Rhizome im Boden meist bald wieder aus.

Geeignete Pflanzen für den Vordergrund gibt es nur wenige. Das gilt erst recht für das warme Diskusaquarium. Deshalb ist meist eine gezielte zusätzliche Beleuchtung über den vorderen, niedrigen Pflanzen nötig. Eine der Pflanzen, die sich dort recht wohl fühlen, ist die Mauritius-Graspflanze, *Lilaeopsis mauritiana*, die sich dort gut hält und wächst, sich aber leider meist nur wenige Ausläufer bilden.

Foto: Dr. J. Schmidt

Foto: B. Kahl

Unter den Seerosen hat sich vor allem *Nymphaea lotus* in mehreren Farbformen mit grünen, gefleckten oder roten Blättern bewährt. Die Schwimmblätter sollten immer schnell entfernt werden, um die Bildung von Unterwasserlaub zu fördern.

Foto: B. Kahl

Auch bei den Schwertpflanzen gibt es eine grasartige Pflanze für den Vordergrund, die immer wieder empfohlen wird. Sie braucht aber viel Licht, eine gute Nährstoffversorgung und muss gleichzeitig gegen Veralgung geschützt werden. Gelingt es, dieses Voraussetztungen zu erfüllen, am besten noch kombiniert mit einer CO_2-Düngung, dann kann sich auch Echinodorus tennellus als schöne, reichlich Ausläufer bildende Vordergrundpflanze bewähren.

Zehn Gebote für gesunde Diskus

ZEHN GEBOTE

1 Die Diskus vor dem Kauf genau beobachten und auf Krankheitsmerkmale achten. Bei dunkel gefärbten, abgemagerten Diskus oder Flosseneinschmelzungen, Kopflöchern und weißen Kotfäden unbedingt die Finger davon lassen.

2 Neuzugänge mindestens sechs Wochen, besser noch länger, in Quarantäne beobachten.

3 Keinen Kontakt vom Quarantäneaquarium mit den Zucht- oder Hälterungsaquarien herstellen.

4 Geräte und Fangnetze aus dem Quarantäneaquarium niemals in der Anlage benutzen. Hände und Arme nach dem Hantieren im Quarantäneaquarium gründlichst waschen.

5 Keine Pflanzen in das Aquarium bringen, die aus einem Aquarium mit Fischen stammen. Pflanzen müssen vorher desinfiziert werden.

6 Den Fischen immer gute Lebens- und Wasserbedingungen bieten.

7 Für ausgeglichene Ernährung sorgen.

8 Nur absolut gesunde Fische, die entsprechend im Quarantäneaquarium überwacht wurden, in die Zuchtanlage oder das Schauaquarium bringen.

9 Quarantäneaquarium nach jedem Einsatz gründlich desinfizieren.

10 Gerade neu erworbene Diskus anfangs sehr gründlich beobachten. Schnell werden Sie feststellen, ob diese Diskus gesund sind.

▶ EINIGE PFLEGETIPPS

- Nehmen Sie sich für Ihre Diskus täglich etwas Zeit und beobachten Sie diese genau. Setzten Sie sich vor das Aquarium und schnell werden Sie am Verhalten Ihrer Diskusfische feststellen ob im Aquarium etwas fehlt, oder ob sich die Fische wirklich wohl fühlen.

- Den Diskusfischen immer gute Wasserbedingungen bieten. Das bedeutet wöchentliche Teilwasserwechsel bis zu 50%, entlastet das Filtersystem sehr.

- Futterreste und grobe Schmutzpartikel möglichst täglich absaugen, dies hilft Krankheiten zu vermeiden.

- Die Hälterungstemperatur auch im bepflanzten Aquarium muss immer um 28 °C liegen. Kühler gehaltene Diskusfische neigen zu, Krankheitsanfälligkeit.

- Für eine ausgeglichene und abwechslungsreiche Ernährung sorgen. Nicht nur ein Lieblingsfutter zum Standardfutter machen, sondern mehrere Futtersorten regelmäßig anbieten.

- Diskusfische von verschiedenen Käufern nicht in einem Aquarium sofort vermischen, sondern erst separat halten und vor dem Einsetzen ins Schauaquarium in Quarantäne beobachten.

- In bepflanzten Aquarien regelmäßig die Pflanzen zurückschneiden und auf guten Pflanzenwuchs achten, denn dieser verhindert gleichzeitigen Algenwuchs.

- Eine regelmäßige Kontrolle der Wasserwerte ist anzuraten. Selbstkontrollen mit einfachen Messreagenzien sind wichtig und zwar ist besonders der pH-Wert regelmäßig zu kontrollieren.

- Bei möglichen Erkrankungen nicht sofort mit irgendwelchen Medikamenten aggressiv in den Wasserhaushalt eingreifen, sondern zuerst Rat bei einem erfahrenen Diskuspfleger, im Fachgeschäft, oder bei einem spezialisierten Tierarzt einholen. Vor der Behandlung sollte immer eine genaue Diagnose durchgeführt werden.

» Diskusaquarien immer etwas übersichtlich halten und anfangs nicht zu dicht bepflanzen. So lassen sich die Fische besser überwachen, Futterreste können schneller abgesaugt werden und außerdem verstecken sich die Diskus nicht im Pflanzengewirr.

Foto: P. Vögelin

Das perfekte Diskuswasser

Wenn Sie Ihr neues Aquarium mit Leitungswasser gefüllt haben, können Sie selbstverständlich an diesem Wasser noch Veränderungen vornehmen, die Ihren Diskusfischen später beim Wohlbefinden helfen. Die Härte des Aquarienwassers können Sie beispielsweise durch den Einsatz von Torf im Filter herabsetzen. Hierzu nehmen Sie einfach Filtertorf aus dem Fachgeschäft und fügen diesen in den Filterkreislauf ein. Sicher ist es auch gut, wenn Sie das frische Aquarienwasser zuerst einmal einen Tag über Aktivkohle filtern könnten.

Der richtige pH-Wert

Irgendwie haben wir einmal gehört, dass der neutrale pH-Wert des Aquarienwassers bei 7,0 liegt. Das Wasser aus Ihrer Leitung wird sicher einen wesentlich höheren sprich alkalischen, pH-Wert haben. Dieser hohe pH-Wert wird aber im Laufe der Zeit im Aquarium reduziert. Idealerweise sollte er für Diskusfische unter 7,0 liegen. Wie bereits erwähnt können Sie dies auch durch Torf im Filtersystem erreichen. Wenn Sie sich einmal intensiver mit Diskusfischen befassen, werden Sie eines Tages bei der Wasseraufbereitung landen und sich dann über die Umkehrosmose Gedanken machen müssen. Doch für den Anfang ist dies erst einmal nicht notwendig, da die Nachzuchtdiskus die Sie irgendwo gekauft haben mit Ihrem Leitungswasser bestens auskommen werden, wenn Sie vor allem einige Wochen abwarten, bis Sie die Fische in das neu eingerichtete Aquarium einsetzten.

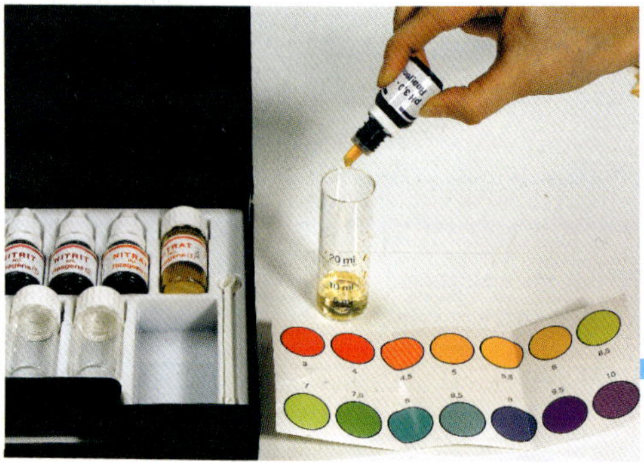

Die einfachste Art der Wasserüberprüfung ist der Einsatz von Tropfreagenzien. Hiermit lassen sich die wichtigsten Wasserwerte schnell messen.

Richtig filtern

Für ein einzelnes Aquarium empfiehlt sich entweder ein größerer Topfaußenfilter oder ein unter dem Aquarium stehender Mehrkammerfilter.

Beide Systeme haben sich gut bewährt, wenngleich sie sich auch deutlich unterscheiden.

Große Topffilter haben sich für einzelne, und größere Aquarien bewährt. Solche Filter lassen sich auch gut in einem Unterschrank verstecken, ohne dass dies ihre Leistungsfähigkeit beeinflusst.

Bei einem Topffilter wird das Wasser durch die Filterkammer des Topfes gepresst und mit einem Motor wieder zurück ins Aquarium gepumpt. Diese Topffilter müssen relativ oft gereinigt werden, was ein kleiner Nachteil sein kann. Die sogenannten Mehrkammer- oder Biofilter haben den Vorteil einer längeren Standzeit, was die Arbeit deutlich vereinfacht. Bei Komplettaquarien mit Unterschrank sind beide Systeme einfach in diesem Unterschrank zu verstecken. Innenfilter mit Motor oder eingeklebte Innenfilterkammern sind etwas aus der Mode gekommen und für schöne Diskusaquarien auch nicht so praktisch. Diskusfische lieben in der Natur langsam fließendes Wasser und dies sollten wir durch langsam arbeitende Filtersysteme nachvollziehen. Schnellfilter, die das Wasser übermäßig in Bewegung setzten sind für Diskusaquarien nicht ideal.

Richtig beleuchten

Da im Filtersystem durch die Filtermedien eigentlich nur die groben Schmutzteile mechanisch entfernt werden, sind es die Bakterien die im Filter leben und dort die Schadstoffe im Wasser abbauen. Dies ist auch ein Grund dafür, dass niemals komplette Filterreinigungen in einem Aquarium vorgenommen werden dürfen. Sie sollten nie das gesamte Filtersubstrat auf einmal völlig gegen neues Filtermaterial austauschen. Wichtig ist, dass immer genug altes, mit Bakterien besiedeltes Filtermaterial im Filter zurück bleibt, damit auch das neu zugesetzte Material schnell mit Bakterien besiedelt wird.

Bei einer kompletten Neueinrichtung eines Aquariums ist es deshalb auch gut wenn Sie aus einem bereits eingelaufenen Aquarium Filtermaterial entnehmen und in das neue Filtersystem einsetzten können. Dies verkürzt die Wartezeit bis zum ersten Fischbesatz im neuen Aquarium erheblich. Die Filterwatte hat immer die Aufgabe groben Schmutz aufzuhalten und zu entfernen. Ton- oder Glasfilterröhrchen, Kunststoffbälle oder andere Filtermedien haben dagegen die Aufgabe Bakterien auf sich ansiedeln zu lassen, die dann das Wasser immer wieder aufbereiten. Dies sind dann auch die sogenannten Biofilter, die langsam und kontinuierlich das Wasser reinigen.

Richtig beleuchten

Falls Sie einen fertigen Aquarienschrank erwerben, sind schon die entsprechenden Aquarienleuchten eingeplant, oder sogar eingebaut. Gerade bei bepflanzten Aquarien ist eine ausreichende Beleuchtung besonders für deren Wachstum wichtig. Auch die Diskusfische lieben Licht und es ist falsch zu glauben, dass sie sich nur im Halbdunkel wohl fühlen. Zehn bis zwölf Stunden Beleuchtung sollten es am Tag schon sein und dies können Sie ja über eine Zeitschaltuhr bestens regeln.

» **Diskusfische vertragen eine gute Beleuchtung und sie sollten keine Schreckreaktionen zeigen. Allerdings ist es günstig das Licht nicht blitzartig einzuschalten.**

Foto: P. Kampf

Richtige Eingewöhnung

» Typisches Quarantäneaquarium für Neuankömmlinge ohne weitere Einrichtungsgegenstände. Hier können Krankheiten schnell erkannt werden.

Sie haben Ihre neuen Diskusfische gekauft, gut verpackt und mit Sauerstoff versorgt mit nach Hause gebracht und wollen diese jetzt in das Aquarium einsetzen. Da ist zuerst einmal zu klären, ob Sie die neuen Diskusfische in ein bereits bestehendes Aquariumssystem mit anderen Diskusfischen dazu setzen wollen, oder ob Sie vielleicht die neuen Diskusfische für ein komplett eigenständiges Aquarium vorgesehen haben.

Wenn Sie neue Fische zu bereits vorhandenen Diskusfischen setzten wollen, empfiehlt sich scon beschireben eine mehrwöchige Beobachtung und Quarantäne der Neuankömmlinge in einem speziellen Quarantäneaquarium. Dieses Quarantäneaquarium ist nur einfach eingerichtet und besitzt keinen Bodengrund. Hier können Sie die neuen Diskusfische genau beobachten, eventuell behandeln und wenn Sie dann festgestellt haben, dass diese Fische in Ordnung sind, können Sie sie nach Abschluss der Quarantänezeit zu den anderen Diskusfischen setzten. Wenn Sie aber ein komplett neues Aquarium für die Neuankömmlinge eingerichtet haben, ist eine spezielle Quarantäne nicht mehr erforderlich, da sie ja mit anderen Diskusfischen nicht in Berührung kommen. Öffnen Sie also die Transportbeutel und gießen Sie sofort in jeden Beutel einen halben Liter Wasser aus dem Aquarium zu. Warten Sie aber nicht zu lange und beginnen Sie schon nach wenigen Minuten mit dem Einsetzen in das Aquarium. Die alt hergebrachte Meinung ist zwar, dass man hier ein sehr langsames

Eingewöhnen bevorzugen soll, jedoch zeigt die langjährige Praxis, dass gerade Diskusfische besser in das neue Aquarium eingesetzt werden. Dies ist für Sie wesentlich stressfreier und außerdem vertragen Sie dieses schnelle Umsetzten sehr gut.

Natürlich sollte Transport- und Aquariumwasser ungefähr den gleichen pH-Wert aufweisen. Sie können ja zuvor eine kurze Messung des pH-Wertes vornehmen.

Geübte Diskuspfleger setzen Ihre Diskusfische aus der Transporttüte gerne mit den Händen um. Sie nehmen dann einfach den Diskus mit der flachen Hand aus der Tüte und setzen ihn vorsichtig in das Aquarium ein. Sie können mir glauben, dass die Fische bei diesem Umsetzen ganz ruhig auf der Hand liegen bleiben. Ansonsten gießen Sie am besten die Tüte mit Wasser und Diskusfisch über ein feines Netz in einen Eimer und setzen den Diskus dann ohne Transportwasser vorsichtig in das Aquarium ein. Wichtig ist hierbei ein feinmaschiges Netz, denn dieses verletzt die Schleimhaut am wenigsten.

Sollten die Diskusfische anfangs am Boden liegen oder ziemlich unbeweglich am Boden verharren, dann seien Sie nicht beunruhigt, denn sie werden schon nach wenigen Minuten mit dem Schwimmen beginnen.

» Diskus nur mit feinen Netzen fangen, damit die Schleimhaut nicht verletzt wird.

» Fressen die Diskus gierig, ist dies ein sehr beruhigendes Zeichen für gute Gesundheit. Bieten Sie verschiedene Futtersorten an, um zu testen.

Geben Sie den Fischen jetzt einige Stunden Zeit, sich in das neue Aquarium einzugewöhnen. Es ist völlig unnötig am ersten Tag des Einsetzens die Fische noch mit aller Gewalt füttern zu wollen. Lassen Sie sich hierfür am nächsten Tag etwas mehr Zeit.

Überhaupt ist jetzt Ruhe beim Pfleger angesagt, denn es wäre absolut falsch, wenn sofort mit irgendwelchen Wasserzusätzen oder gar Medikamenten im Aquarium herumgepanscht würde.

Nach dem Einschalten der Beleuchtung am nächsten Morgen, geben Sie bitte den Diskusfischen einige Minuten Zeit, um wach und aktiv zu werden. Erst dann beginnen Sie mit der Fütterung. Die erste Fütterung im neuen Aquarium bedarf größter Aufmerksamkeit, denn das angebotene Futter muss gierig und schnell gefressen werden, damit nicht gleich von Anfang an Futterreste im Aquarium herum schwimmen. Also wenig und kontrolliert füttern. Es darf Sie nicht sonderlich beunruhigen wenn ausgewachsene Diskusfische anfangs nur zögerlich zu fressen beginnen. Bei kleinen Diskusfischen ist es allerdings schon so, dass diese schnell und gierig ans Futter gehen sollen.

Die richtige Fütterung

» Je mehr verschiedene Futtersorten Sie Ihren Diskus mit Erfolg anbieten, desto besser für die Fische und desto einfacher für Sie. Zweimal wöchentlich lebende Enchytraen sind echte Leckerbissen.

Diskusfische sind Allesfresser und die Palette der Diskusfuttersorten, die es im Handel gibt ist fast unerschöpflich. Hier wird also jeder Diskusfisch und auch jeder Diskuspfleger mehrere Futtersorten finden, die gerne von seinen Fischen gefressen werden.

Teilen wir die Futtersorten doch grob in drei Gruppen ein.

Da gibt es als wichtigste Gruppe die industriell hergestellten Fertigfuttersorten. Die zweite Gruppe sind Frostfuttermischungen und die dritte Gruppe das sogenannte Lebendfutter, das allerdings fast ausschließlich gefrostet angeboten wird.

In den Flüssen seiner Heimat Amazoniens wird der Diskusfisch mit Futter nicht übermäßig verwöhnt und deshalb sind Diskuswildfänge meist auch etwas kleiner als ausgewachsene Nachzuchtdiskus, die von klein auf das beste Futter bekommen haben. Im Aquarium sind die Futterbedingungen also wesent-

» **Diskusfische fressen aus der Hand, wenn sie es gewöhnt sind. Das macht Spaß und zeigt, dass Sie sich mit Ihren Lieblingen beschäftigen.**

lich besser als in der Natur und deshalb werden Aquariumfische schneller wachsen und auch meist viel länger leben als in der Natur, wenn der Pfleger keinen Fehler macht. So kann ein gut gepflegter Diskus ohne weiteres zehn Jahre und länger in einem Aquarium verbringen.

Eine Überfütterung hat jedoch auch Nachteile. Dabei kommt es zu Organverfettungen und die Fische pflanzen sich auch nicht mehr so gut fort. Sie sollten deshalb Ihre ausgewachsenen Diskusfische nur zweimal täglich füttern nur bei kleinen Diskusfischen sollten Sie sich natürlich anfangs viel intensiver mit der Fütterung befassen. Diskusfische zu füttern ist ein Erlebnis und es macht sicher Spaß, wenn man Jungfische mit fünf Zentimeter Körpergröße täglich vier bis sechsmal täglich füttert und sieht wie sie sich gierig auf das Futter stürzen.

An industriell produzierten Futtersorten gibt es zum einen die verschiedensten Futterflocken, wobei die Diskusfische sich gut an Futterflocken gewöhnen lassen, zum anderen spielen aber auch Granulate in der Diskusfütterung eine bedeutende Rolle. Granulate und auch Futterflocken sollten nur in solchen Mengen gefüttert werden, wie sie innerhalb weniger Minuten restlos gefressen werden können. Diskusgranulaten sagt man manchmal nach, dass Sie zu Blähungen bei den Fischen führen, jedoch bieten Markenhersteller so ausgewogene Granulate an, dass diese Aussage nicht mehr zutrifft. Dass die Industrie bei Fertigfutter größte Sorgfalt darauf verwendet möglichst ausgewogene und ernährungstypische Produkte herzustellen scheint klar zu sein. Denn

Artemia

Krill

Rote Mückenlarven

Gefrostete Lebendfutter gibt es in Tafeln im Fachhandel. Diese drei Futtersorten sind für die Diskus am meisten im Einsatz, wobei Rote Mückenlarven nur in bester Qualität verfüttert werden sollten. *Artemia* sind hier sicher das am besten geeignete Frostfutter. Auch Truthahnherz-Mischungen sind sehr gut als Futter.

Gefriergetrocknete Artemien lassen sich gut bei kleinerern Diskus verfüttern. Die Varianten an Flockenfutter sind fast unzählbar, aber Spezialitäten, wie Krillflocken können sehr gute Wachstumsergebnisse erzielen. Diskusgranulat ist heute fester Bestandteil der Futterpalette. In Maßen gefüttert geradezu ideal.

***Artemia*, gefriergetrocknet**

Krillflocken

Diskusgranulat

schließlich setzt sich nur ein Qualitätsfutter, das von den Fischen auch sehr gerne akzeptiert wird und auch für entsprechendes Wachsen und Wohlbefinden sorgt am Markt wirklich durch. Achten Sie einmal auf das Gewicht beim Fertigfutter. Qualitativ hochwertige Futtersorten sind immer im Gewicht wesentlich höher als Billigfutter, die hauptsächlich mit günstigen Getreidemehlen gestreckt werden. Futterflocke ist nicht gleich Futterflocke. Die qualitativen Unterschiede sind hier sehr sehr groß.

Neben dem industriell gefertigten Flocken- und Granulatfutter stellt das tiefgekühlte Frostfutter eine gute Alternative für Diskusliebhaber dar. Tiefgekühltes Futter wird von vielen Diskusliebhabern gerne zugefüttert. Dies entspricht ja auch der Empfehlung, dass man mehrere Futtersorten miteinander kombinieren soll, um die Fische wirklich mit allen wichtigen Nährstoffen zu versorgen. Im Fachhandel gibt es die verschiedensten Futtersorten und zwar meist in Tafeln von denen man sich ein Stück abbrechen und verfüttern kann. Diskusfische bevorzugen kleineres Futter denn sie haben ja auch nur ein kleines Maul und mancher Diskusliebhaber muss feststellen, dass seine Diskuslieblinge das Futter wieder ausspucken, weil es ihnen einfach zu groß ist.

Lebendfutter spielt nur noch eine Randrolle im Futtersektor. Gemeint sind hier Futtertiere die noch lebend an die Fische verfüttert werden. Meistens

» Gefrostetes Truthahnherz ist eine Spezialität. Diskus gewöhnen sich an die Hand ihres Pflegers.

» Ein Futterautomat leistet gute Dienste im Urlaub oder am Wochenende. Dabei lieber etwas weniger als sonst üblich füttern.

haben Zoohändler lebende Atemiakrebschen oder lebende Mückenlarven vorrätig und dann können Sie schon einmal einen Test machen und Ihren Diskusfischen ein solches Lebendfutter anbieten. Dabei ist es immer wieder verblüffend festzustellen, dass die Fische sogar Schwierigkeiten haben dieses Futter zu fangen und zu fressen. Mückenlarven oder Artemiakrebse werden allerdings in riesigen Mengen als Frostfutter angeboten und spielen immer noch für den Diskusliebhaber eine bedeutende Rolle. Achten Sie aber auch hier unbedingt auf Qualität, denn gerade im Bereich der Roten Mückenlarven sind die Preise dermaßen im Keller, dass sehr viel schlechte Qualität angeboten werden muss.
Wer Spaß daran hat, kann sich nach einiger Erfahrung mit Diskusfischen auch einmal mit der Zucht von lebenden Enchytraen befassen. Diese weißen Würmer lassen sich verhältnismäßig einfach in Erde züchten und Diskusfische lieben dieses Futter geradezu.

Erfolgreiche Diskuszucht

» Der schönste Lohn für jeden Diskusfreund ist ein Diskuspärchen mit Jungen.

Foto: B. Ehrensperger

Sicher wird eine erfolgreiche Diskuszucht nicht gleich am Anfang Ihrer Pflege stehen. Doch wer möchte nicht gerne auch diese schönen Diskusfische erfolgreich züchten? Einerseits ist es vielleicht gar nicht so schwierig wie angenommen, andererseits können die Diskusfische einen auch fast in den Wahnsinn treiben wenn man versucht sie zur Nachzucht zu bewegen. Wenn Sie sich ernsthaft mit der Diskuszucht und der Aufzucht der Jungen befassen wollen, müssen Sie sich zusätzliche Fachliteratur besorgen, denn hier können wir Ihnen nur einen ersten Überblick über eine Diskuszucht bieten. Um erfolgreich Diskusfische nachzuziehen, müssen Sie ein gut harmonierendes Diskuspaar besitzen. Doch wie kommt man an ein solches Pärchen? Am einfachsten wäre es sicherlich, wenn Sie sich ein Diskuszuchtpaar kaufen würden. Doch erstens ist dieses meist sehr teuer und zweitens haben Sie keine Garantie, dass dieses Pärchen auch bei Ihnen erfolgreich zur Nachzucht schreitet. Zu viele Faktoren spielen bei der Zucht hinein und allein der Stress des Fangens und Transportierens, sowie die Eingewöhnung in die neue Umgebung können dazu führen, dass ein wirkliches Zuchtpaar plötzlich keinerlei Laichversuche mehr unternimmt.

Eine zweite Möglichkeit wäre, selbst ein Zuchtpaar aufzuziehen. Irgendwann werden ja Ihre Diskusfische in Ihrem Aquarium erwachsen und dann ist die logische Folge, dass sich vielleicht ein Pärchen zusammenstellt. Nun kann plötzlich alles wie von alleine funktionieren und eines Tages werden Sie bemerken, dass in Ihrem Aquarium ein Paar mit der Vorbereitung zur Zucht beginnt. Zuerst werden Sie feststellen, dass sich die Färbung der Diskusfische ändert. Die Fische werden etwas dunkler und zwar besonders im hinteren Körperbereich. Die letzten vier Senkrechtstreifen werden jetzt sehr gut sichtbar. Das Pärchen wird einen geeigneten Laichplatz suchen und da Sie in Ihrem Gemeinschaftsaquarium ja keine Tonvase stehen haben, kann es also sein, dass plötzlich Pflanzen mit großen Blättern, Wurzeln, schräg stehende Steine oder sogar der Aquarienheizer als Laichunterlage ausgesucht werden. Das Pärchen schwimmt harmonisch nebeneinander und ab und zu verneigen sich die beiden Fische und alles sieht sehr friedlich aus. Sie verteidigen jetzt auch den ausgesuchten Laichplatz gegen alle Mitbewohner und irgendwann beginnen Sie diesen Laichplatz mit dem Maul zu putzen. Dieser Putzvorgang dauert manchmal mehrere Stunden und ist ein sicheres Zeichen dafür, dass bald mit dem Laichen begonnnen werden soll. Kommt es dann zusätzlich noch zu einem Rütteln der Körper ist dies ein weiteres Zeichen für ein beginnendes Ablaichen. Beide Diskus stehen jetzt vor dem Laichplatz und

» **Die Eier werden an einen geputzten Gegenstand gelegt. Bevorzugt werden Tonlaichvasen. Bis zu dreihundert Eier können es werden.**

putzen diesen. Dabei geht immer wieder ein kräftiges Rütteln durch ihre Körper.

Normalerweise laichen Diskusfische während der Abendstunden ab. Dies hat damit zu tun, dass bei einer Wassertemperatur von etwa 30 °C die Entwicklung der Diskuseier 55 Stunden dauert. So werden die Larven in den Morgenstunden des dritten Tages schlüpfen. Somit haben dann die Diskuseltern den ganzen Tag Zeit, sich um Ihre Larven zu kümmern und diese aus den Eiern heraus zu kauen. Bevor jedoch die Larven im Aquarium schwimmen, müssen zuerst einmal Eier gelegt werden.

Das Weibchen zeigt seine breite Legeröhre und beginnt irgendwann mit der Eiablage. Senkrecht von unten nach oben schwimmend legt das Diskusweibchen eine Eikette neben die andere, welche sofort vom

Diskusmännchen befruchtet werden. Die Beobachtung dieses Laichvorgangs ist für Diskusliebhaber eines der schönsten Erlebnisse. Etwa eine Stunde dauert das Ablaichen und am Ende befinden sich zwischen 150 bis 300 Eier auf der Laichunterlage. Das Gelege wird abwechselnd von den beiden Diskusfischen bewacht und mit den Flossen befächelt, sodass die Eier ständig mit Sauerstoff versorgt werden. Tipps und Tricks zur Diskuszucht und allen damit zusammenhängenden Zeitabschnitten gibt es zu hunderten und wenn Sie wirklich Ihr erstes Zuchtpaar im Aquarium schwimmen haben, werden Sie schnell zum Spezialisten werden, weil Sie sich spätestens dann mit entsprechender Fachliteratur eindecken werden. Ist es doch die Spitze der Süßwasseraquaristik Diskusfische erfolgreich nachzuzüchten.

Nach etwa 55 Stunden schlüpfen die Larven aus den Eiern. Wenn alles perfekt klappt, werden die Eltern sich nicht streiten und die Larven aus den Eiern kauen und umbetten. Sie suchen einen geeigneten Platz, wo sie die Larven deponieren. Dort entwickeln sich die Diskuslarven weiter und nach weiteren drei Tagen werden die ersten Larven mit dem Freischwimmen beginnen.

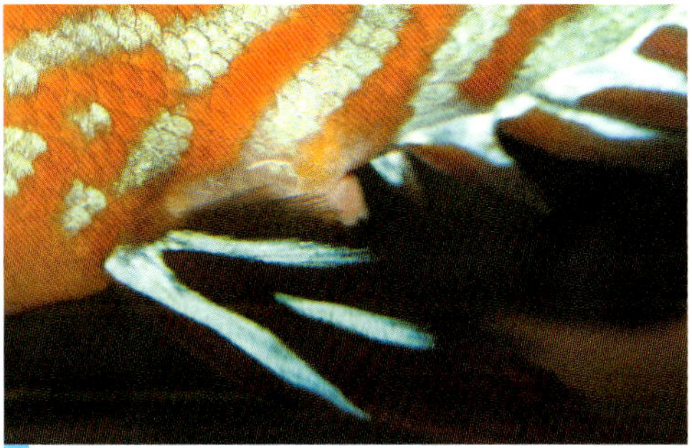

» **Eine schöne Aufnahme der weiblichen Legeröhre. Jetzt lassen sich auch die Geschlechter genau bestimmen.**

Dies ist ein ganz wichtiger Zeitpunkt, denn jetzt müssen die Jungfische ihre Eltern anschwimmen, um dort auf dem Körper der Elterntiere die wichtigen Nährzellen zu fressen. Die Eltern haben sich während der letzen Tage immer dunkler gefärbt und eine Art Hautschleim gebildet. Dieser Hautschleim ist die erste und wichtigste Grundnahrung für die kleinen Diskusfische. Schwimmen die Larven die Eltern korrekt an und konnten diese auch genügend Nährschleim auf der Haut bilden, dann beginnen die Larven sofort mit dem Fressen. Die kleinen Jungfische ernähren sich regelrecht vom Hautschleim der Eltern. Ist bis zu diesem Stadium alles gelungen, kann schon fast von einer erfolgreichen Diskuszucht gesprochen werden. Störungen und Fehler kann es allerdings noch genug geben und nicht selten schwimmt ein ganzer Larvenschwarm die Eltern nicht an und geht im Aquarium schnell zu Grunde.

Fressen die kleinen Diskusfische erst einmal für einige Tage das Hautsekret der Eltern, dann kann mit dem Zufüttern von Feinfutter, wie zum Beispiel lebenden, frisch geschlüpften Artemiakrebschen begonnen werden. Die kleinen Diskusfische können vier bis sechs Wochen bei Ihren Eltern bleiben und fressen auch solange noch von den Körpern der Elternfische Hautsekret. Viele Züchter nehmen allerdings die Jungfische schon viel früher von den Eltern ab und ziehen diese separat in kleinen Aquarien auf.

» **Mutter und Kind - eine tolle Verbindung bei Diskusfischen. Diskusfische kümmern sich aufopfernd viele Wochen um ihre Jungen.**

Wenn wir also davon ausgehen, dass Ihnen eine solche Aufzucht in Ihrem Gesellschaftsaquarium gelungen ist, dann hätten Sie wirklich schon die höchsten Weihen der Diskuspflege erreicht. Wahrscheinlich wird es aber so sein, dass nach einer Eiablage die Eier verpilzen und sich nicht entsprechend entwickeln. Dies wird daran liegen, dass das Wasser im Gesellschaftsaquarium nicht den Anforderungen für ein Diskuszuchtwasser entsprach. Doch jetzt können Sie ja Initiative entwickeln. Wenn Sie das Diskuspärchen in ein spezielles Zuchtaquarium umsetzen wollen haben Sie zumindest gute Aussichten doch noch zu einer erfolgreichen Diskuszucht zu kommen.

Ein spezielles Diskuszuchtaquarium besitzt beispielsweise keinen Bodengrund und nur eine spärliche Einrichtung. Meist verzichtet der Züchter komplett auf eine Einrichtung und beschränkt sich nur auf die berühmte Tonlaichvase die in der Mitte des Aquariums steht. An diese Tonvase oder an diesen Tonblumentopf, sollen die Diskusfische Ihre Eier ablegen. Dies tun sie meist auch ganz brav und wenn das Wasser

» Hier bewacht das Paar seine geschlüpften Larven. Das etwas kleinere Weibchen steht rechts. Optimal ist es, wenn die Paare nicht streiten.

entsprechend aufbereitet ist, wird es mit der Zucht auch irgendwann klappen. Das Wasser ist einer der wichtigen Schlüssel für eine erfolgreiche Zucht. Diskusfische benötigen für die Zucht ein saures Wasser mit einem pH-Wert von unter 6,5. Besser sollte der pH-Wert noch unter 6,0 liegen. Dazu kommt, dass das Wasser einen geringen Leitwert aufweisen soll. Der Leitwert oder die Gesamthärte des Wassers liegt Idealerweise für die Zucht unter 100 µS/cm. Dies sind jetzt allerdings schon sehr spezielle Wasserparameter, die nur mit entsprechender Erfahrung so eingestellt werden können. Deshalb empfehlen wir Ihnen unbedingt das Fachbuch „Ihr Hobby – Aquaristik für Einsteiger", in dem Sie erschöpfende Auskünfte zu diesem Thema bekommen werden.

Aufzucht der kleinen Diskusfische

Wenn Sie alle Hürden der Zucht überwunden haben und wirklich einen Wurf von kleinen Diskusfischen im Aquarium schwimmen haben, beginnt jetzt das eigentliche Problem der Diskusaufzucht. Es ist gar nicht so einfach, die fresswütigen kleinen Diskusfische gleichmäßig aufzuziehen. Ständig muss das Aquariumwasser überwacht werden, denn ein regelmäßiger Teilwasserwechsel und zwar nicht einmal in der Woche sondern möglichst täglich ist wichtig für das Wachstum. Sie müssen die kleinen Diskusfische täglich mindestens viermal, besser sechsmal füttern und Futterreste wieder absaugen. Beim Absaugen der Futterreste nehmen Sie dann gleich einen Teilwasserwechsel vor. So werden Schadstoffe, Futterreste und Ausscheidungen der Fische zuverlässig entfernt. Eine breite Futterpalette ist jetzt angesagt. Denn jedes

Futter, das jetzt von den Jungfischen gefressen wird, kann logischerweise auch später bei den größeren Fischen verfüttert werden. Je mehr Futtersorten die Jungfische jetzt kennen lernen, desto einfacher wird das Füttern später für den neuen Besitzer sein. Für die Aufzucht ist es nicht mehr nötig das Wasser aufzubereiten, denn hierfür reicht normales Leitungswasser aus. Auch Wassertemperaturen von 27 bis 28 °C sind für eine erfolgreiche Aufzucht völlig ausreichend. Unter günstigen Bedingungen wachsen die Jungfische jetzt schnell heran und erreichen nach sechs bis acht Wochen schon eine Körpergröße von vier bis fünf Zentimetern.

Wohin mit den Jungfischen?

Einerseits sind Sie nun in der glücklichen Lage, vielleicht 100 Diskusjunge aufzuziehen, andererseits entstehen hierdurch auch Probleme, was den Platz und den möglichen Absatz betrifft. Es ist nicht einfach 100 oder mehr Junge auch für längere Zeit in ausreichend großen Aquarien unterzubringen. Selbstverständlich könnten Sie Ihre ersten erfolgreich aufgezogenen Diskusfische auch alle behalten und auf mehrere Aquarien verteilen. Da ein Diskus während der Wachstumsphase aber bis zu zehn Liter Aquarienwasser zur Verfügung haben sollte, wird dies schnell zu einem Platzproblem. Schauen Sie sich einmal Ihre großen Diskusfische an. Wie viele können Sie wohl in einem Aquarium mit 360 Litern erfolgreich pflegen? Doch sicherlich nur sechs bis acht Stück und das ist nicht gerade viel. Also kann man daraus schließen, dass ein ausgewachsener Diskus schon 50 Liter Aquarienwasser und ein kleiner bis mittelgroßer Diskus etwa rund zehn Liter Aquarienwasser als Schwimmraum zur Verfügung haben sollte. Daraus ergibt sich eine Beschränkung bei der Aufzucht von Jungfischen. Also heißt es diese irgendwie verkaufen, oder an Freunde verschenken. Der Verkauf gestaltet sich meist schwierig, denn logischerweise ist ein Zoofachhändler nicht gerade begeistert, wenn er nur einmal von Ihnen einige dutzend Diskusfische kaufen soll. Setzen Sie also nicht zu viele Erwartungen in einen möglichen Verkauf beim Zoofachhandel. Zoofachhändler brauchen logischerweise bestimmte Mengen von Fischen in bestimmten Farben innerhalb eines bestimmten Zeitraumes und das kann ein Gelegenheitszüchter natürlich nicht bieten.

» Die Kleinen fressen mit sechs Wochen schön was weg und machen Arbeit. Die nächste Frage lautet: Wohin mit den kleinen Diskusfischen?

Der Absatz von einigen Dutzend Jungfischen gelingt möglicherweise über Kleinanzeigen in einem Wochenblatt, ist jedoch meist auch nicht sehr befriedigend. Doch dieses Problem haben viele Aquarianer, wenn sie irgendwann einmal beginnen Fische in größeren Mengen aufzuziehen. Erst die professionellen Züchter, die etliche Zuchtpaare im heimischen Keller schwimmen haben, können einen zufriedenstellenden Absatz organisieren, müssen jedoch dann auch daran denken, ihr Kleingewerbe anzumelden. Doch mit solchen Dingen sollten Sie sich erst einmal nicht belasten und sich lieber um die Höhepunkte der Aquaristik kümmern und Ihr Aquarium mit schönen Diskusfischen so richtig genießen.

Partnerfische für Diskus

Sie haben sich ein Diskusschauaquarium im Wohnzimmer eingerichtet und möchten hier nicht nur Diskusfische, sondern auch andere schöne bunte Fische pflegen. Dieser Wunsch ist legitim und es gibt einige Aquarienfische, die sehr gut zu Diskusfischen passen.

Da wären zum einen die relativ friedlichen Salmler, die in Gruppen gehalten werden. Rotkopfsalmler oder Rote Neon sind ideale Beifische für ein solches Diskusaquarium. Ein Schwarm von 20, 30 oder gar 50 roten Neons ist geradezu eine Augenweide. Die friedlichen Diskusfische stellen normalerweise den kleinen Neons auch nicht nach und lassen sie völlig in Ruhe. Sie sollten allerdings keine Fische aussuchen, die den Diskusfischen an den Flossen zupfen und sie sogar verletzen. Das wären zum Beispiel Barben die völlig ungeeignet für die Besetzung in einem Diskusaquarium sind. Neben den friedlichen kleinen Salmlern sind auch Zwergcichliden ideale Partner für Diskusfische. Diese Zwergcichliden halten sich meist sowieso mehr im Bereich des Bodengrundes auf und verteidigen dort ihr kleines Revier. Ein Pärchen Schmetterlingsbuntbarsche ist ein schöner Kontrastpunkt in einem solchen Diskusaquarium. Auch die friedlichen Panzerwelse der Gattung *Corydoras* sind meist gute Partner für Diskusfische.

Wählen Sie allerdings solche Fische aus, die die etwas höheren Temperaturen in einem Diskusaquarium gut vertragen. Da wären beispielsweise die *Corydoras sterbai* als erste zu nennen. Auch der eine oder andere schöne Harnischwels ist, sofern er als friedlich bezeichnet werden kann, als Bewohner eines Diskusschauaquariums geeignet.

Wenn Sie sich allerdings für Skalare interessieren, müssen Sie schon damit rechnen, dass diese die Diskusfische etwas stärker bedrängen. Skalare sind wesentlich schwimmaktiver und aggressiver in der Futtersuche als Diskusfische und somit echte Futterkonkurrenten. Dass in einem solchen Gesellschaftsaquarium auch Probleme auftauchen können, ist klar. Deshalb kann immer wieder nur betont werden, dass Sie bei Neuzugängen unbedingt eine Quarantäne einhalten sollten. Setzen Sie also nicht leichtfertig neu gekaufte Fische, egal welche Art, in das Diskusschauaquarium ein. Wenn Sie diese Grundregeln beherzigen wird es sicherlich einfach werden ein solches Aquarium länger erfolgreich zu betreiben.

» Rote Neonsalmler, Paracheirodon axelrodi, können nur als erwachsene Fische mit Diskus vergesellschaftet werden, damit sie nicht ungewollt als Futter dienen. Trotzdem passen sie gut zusammen.

Foto: M. Matzusaka

Foto: G. Schmelzer

» Zwergcichliden wie Apistogramma cacatuoides leben auch in der Natur mit Diskus zusammen.

Foto: H. Linke

» Der Weißsaum-Antennenwels aus dem Rio Negro ist der echte *Ancistrus dolichopterus.*

Foto: H.-J. Richter

» Der Rotmaulsalmler, *Hemigrammus bleheri*, hat sich als Gesellschaftsfisch des Diskus bewährt.

Foto: H.-J. Richter

» Auch Asiaten wie der Mosaikfadenfisch, *Trichogaster leerii*, passen gut zum Diskusbuntbarsch.

Foto: B. Kahl

» *Corydoras sterbai* mag es nicht ganz so warm, aber ein Vergesellschaftung ist dennoch möglich.

Foto: Y. Tavernier

» *Corydoras adolfoi* ist nicht immer erhältlich, wenn Sie ihn sehen, dann sollten Sie ihn erwerben.

Foto: H.-J. Richter

» Vom Kirschflecksalmler gibt es eine rote Variante. Diese ist *Hyphessobrycon socolofi*.

Foto: H. Linke

» Auch der echte Kirschflecksalmler, *Hyph. erythrostigma*, hat lang ausgezogene Flossen.

Foto: H. Linke

» Schmetterlings-Zwergcichliden, *Mikrogeophagus ramirezi*, bringen Leben ins Aquarium.

Foto: H.-J. Richter

» Beilbauchsalmler, *Carnegiella strigata strigata*, beleben das Wasser unter der Oberfläche.